DISCOURS

PRONONCÉ

LE MARDI 16 NOVEMBRE 1869

LORS DE LA RÉUNION DES MEMBRES

DU

COMICE DE RIBEAUVILLÉ

PAR

M. LÉON LEFÉBURE,

Député au Corps législatif, Membre du Conseil général,
Président du Comice.

COLMAR

IMPRIMERIE ET LITHOGRAPHIE DE CAMILLE DECKER.

—

1869.

DISCOURS

PRONONCÉ

Le Mardi 16 Novembre 1869

LORS DE LA RÉUNION

DES MEMBRES DU COMICE DE RIBEAUVILLÉ

PAR

LÉON LEFÉBURE

Député au Corps législatif, Membre du Conseil général,
Président du Comice.

Après avoir remercié les membres du Comice de l'honneur qu'ils avaient bien voulu lui faire dans la séance du matin en le choisissant pour Président et après avoir déclaré comment il s'explique cet honneur et comment il comprend les devoirs qu'il lui impose, M. Lefébure insiste sur les liens nouveaux qui vont unir le Comité et la Société départementale et porte un toast à cette Société, puis il continue ainsi son discours :

Un souvenir, Messieurs, que vous ne me défendrez pas de vous rappeler, frappait mon esprit tout-à-l'heure dans l'édifice où nous étions réunis. Je me rappelais les paroles que j'avais l'honneur de vous adresser, il y a quelques mois, lors d'une réunion électorale publique.

Il y a, disais-je, quelque chose de mieux à faire que de récriminer contre le passé et de gémir sur les libertés absentes et les réformes nécessaires, c'est de les conquérir résolument par les voies légales. Le grand secret du moment est de vouloir et d'affirmer que l'on veut. On peut tout à ce prix.

Quelques mois se sont écoulés, Messieurs ; la volonté du pays s'est révélée et il a suffi d'une simple manifestation pour nous faire assister en quelques semaines à l'une des plus étonnantes révolutions politiques qui se soient accomplies en France. Responsabilité ministérielle, liberté d'interpellation, liberté d'amendements, initiative parlementaire, vote du budget par chapitres, nomination de son bureau par la chambre élective, droit pour elle de faire son règlement intérieur, tout ce qui constitue, en un mot, le gouvernement parlementaire, nous l'avons obtenu.

Un pas immense a été franchi en un instant. Mais, Messieurs, en même temps que nous avons reconquis notre part légitime d'influence dans les affaires publiques, notre responsabilité s'est accrue ; celle de vos mandataires est devenue plus délicate encore et plus grave. Aussi est-il naturel qu'ils aient, plus que jamais, le désir de se mettre en rapport avec leurs commettants, d'échanger avec eux leurs impressions, de leur communiquer leurs vues, de se pénétrer de leurs opinions.

C'est dans cette pensée que je saisis avec empressement l'occasion qui m'est offerte aujourd'hui ; du reste, ma ferme intention est d'exposer à mes électeurs, après chaque session, ma conduite parlementaire et de leur expliquer les mobiles qui l'ont déterminée. (Vifs applaudissements.)

Il y a une véritable solennité, Messieurs, dans l'heure présente. Nous reprenons une œuvre entreprise depuis plus d'un siècle, interrompue par des bouleversements

périodiques, ramenée sans cesse en arrière. Arriverons-
nous enfin à la conduire à bon terme, sans secousses,
sans violence? Ferons-nous une révolution pacifique?
Parviendrons-nous à constituer en France un gouvernement libre? Telle est la grande question que chacun se
pose en ce moment. (C'est vrai !)

Il est évident que le pacifique triomphe, qui vient
d'être remporté, devrait nous inspirer confiance. Nous
avons vu le Souverain, jaloux de s'accorder avec l'opinion
publique, lui laisser la dernière victoire, selon une parole
célèbre prononcée par lui-même. Depuis le sénatus-
consulte, deux faits considérables se sont encore pro-
duits : l'amnistie d'abord et ensuite l'attitude libérale et
aussi habile que judicieuse du gouvernement en face de
la presse. (Très-bien !)

Comment se fait-il pourtant, Messieurs, qu'au lieu de
se réjouir et d'envisager l'avenir avec une pleine assu-
rance, l'opinion soit inquiète et troublée? Car il serait
vain ici de se faire illusion et il importe au contraire de
se rendre exactement compte de l'état des esprits. On
envisage, en ce moment, l'avenir avec appréhension.
Ces inquiétudes tiennent à des causes variées et com-
plexes. Les uns s'inquiètent d'avoir vu se reproduire,
après le message du 12 juillet, des procédés qui rappe-
laient trop le gouvernement personnel, la brusque pro-
rogation des chambres, leur convocation tardive. On s'est
inquiété de voir l'application des réformes confiée à des
hommes qui avaient personnifié un autre régime, de ne
pas rencontrer plus d'unité, de décision, de logique,
et de netteté dans la direction des affaires. D'autres s'inquiètent des abus auxquels donnent lieu déjà les libertés
nouvelles; ils voient la licence partout et l'ordre menacé ;

d'autres s'effrayent d'un retour pur et simple au parlementarisme d'autrefois ; ils n'y voient qu'un mécanisme usé qui n'a pas empêché deux gouvernements de succomber, un assemblage de fictions dont la démocratie n'a que faire et qui ne sauraient qu'entraver sa marche.

Le faux et le vrai se mêlent dans ces appréhensions. Il n'est pas contestable que le gouvernement a diminué, par certaines mesures impolitiques, par des hésitations, l'effet produit par les réformes, qu'il ne s'est pas assez hâté de conformer tous ses procédés au régime qu'il inaugurait.

Mais, en vérité, Messieurs, la paix sociale est-elle troublée et faut-il désespérer de la liberté, parce que sa restauration est accompagnée de certains inconvénients et de certains abus ? Les entraînements de la presse, les audaces des réunions électorales, les folles menées de quelques hommes, dont le bon sens public fait d'ailleurs déjà justice, grâce à la liberté même que nous possédons, doivent-elles nous déconcerter ? Non, cette épreuve était presque inévitable au lendemain d'un si grand changement ; elle prouve deux choses : d'une part la nécessité de la liberté, qui seule place le remède à côté de l'abus, d'autre part le danger d'une révolution et par conséquent le devoir de défendre énergiquement l'ordre, la légalité. Elle consacre en un mot le programme : « La liberté sans révolution. »

En nous alarmant, nous montrons combien notre éducation politique est imparfaite, combien peu nous sommes armés de vertus viriles, et la seule conclusion à tirer, c'est qu'il est grandement temps que nous apprenions à agir, à jouer notre rôle dans les affaires de la société, à le jouer en tout et à toute heure.

Il ne dépend que de nous d'éloigner les dangers que nous appréhendons. Que les forces conservatrices s'unissent, qu'elles agissent et bientôt elles auront imposé silence aux coryphées de l'agitation. C'est notre inertie qui fait leur force. L'exemple de Paris en est la démonstration éclatante. Puisque nous avons l'ambition d'être citoyens d'un pays qui entend se gouverner lui-même, sachons justifier cette ambition.

Quant au parlementarisme, quant à la restauration d'un mécanisme usé, démodé, impuissant, je tiens à m'expliquer nettement sur ce point. Oui, si nous devions en revenir au régime parlementaire tel qu'il existait autrefois, avec les vices qui l'ont perdu, oui, je serais avec ceux qui en appréhendent le retour, et je craindrais qu'il ne fît que préparer la chute de nos institutions. Mais, Messieurs, songez donc aux conditions absolument nouvelles dans lesquelles le gouvernement parlementaire se présente aujourd'hui à vous. Vous n'êtes plus en présence du pays légal, vous n'êtes plus en présence des censitaires, en présence de certaines classes appelées à diriger les autres, à parler, à agir pour elles et à tout concentrer dans leur sein. Vous êtes en face du suffrage universel, c'est-à-dire de tous les citoyens appelés à participer à la direction des affaires publiques. Epreuve redoutable, je ne le nie pas, mais qui est de nature à modifier complètement le régime parlementaire.

D'un autre côté nous sommes précisément en voie de repousser les deux vices qui ont perdu autrefois le parlementarisme, je veux dire : en premier lieu l'erreur de croire que la liberté existait partout parce qu'elle était au sommet, que la vie politique était constituée dans le pays parce que toutes les prérogatives et tous les droits étaient concentrés dans le parlement ; en second lieu l'oubli, l'indifférence pour les questions sociales.

Tous les esprits sensés le reconnaissent aujourd'hui, Messieurs, et c'est un signe du temps, la liberté ne peut être établie au sommet que si elle existe à la base et à tous les degrés (bravo), car il y a aussi une hiérarchie pour la liberté. Depuis le plus humble des conseils municipaux jusqu'au parlement, la vie, la libre activité doivent être partout. On comprend enfin que la première condition de l'établissement d'un régime de liberté c'est la décentralisation ; on comprend que centralisation et suffrage universel s'excluent ; on comprend que toute réforme politique féconde doit commencer par la base de notre organisation sociale, par la commune ; et l'on se rend compte de la portée de ce mot d'un profond penseur qui a été aussi un homme d'Etat illustre : « Les institutions communales sont à la liberté ce que les écoles primaires sont à la science ; elles la mettent à la portée du peuple et l'habituent à s'en servir. » (Applaudissements.)

Aussi voyez-vous de tous côtés se produire des vœux, des efforts dans ce sens. Un congrès se formait dernièrement à Lyon, pour entreprendre une véritable croisade, une ligue active contre la centralisation et il indiquait, dans d'utiles délibérations, les grandes lignes des réformes à réaliser. Des projets s'élaborent : l'extension des attributions de la commune, la création d'assemblées cantonales, l'extension des attributions des conseils généraux sont des mesures que l'on agite universellement et que le pays attend.

Enfin, Messieurs, nous avons compris notre mal !

Car, permettez-moi de vous le dire, je n'ai point insisté jusqu'ici sur la vraie cause, sur la cause fonda-

mentale qui seule explique les inquiétudes étranges que
nous constatons, cette incertitude, ce malaise de l'opinion qui persiste, en dépit de la bonne volonté du pouvoir, en dépit des concessions les plus larges.

Savez-vous quelle est cette cause ? C'est que nous nous
débattons sous l'étreinte d'une contradiction ! c'est que
notre organisation administrative jure avec nos conquêtes
politiques et avec le mouvement démocratique contempo-
rain. Une immense contradiction pèse sur nous. Il est
permis plus que jamais de le dire, notre société offre
l'image de ce chaos si bien défini par ces paroles :
« Chaque chose n'est pas à sa place, et il n'y a pas une
place pour chaque chose. »

Oui, sans doute, la centralisation pouvait être bonne
quand il s'agissait de créer, d'affermir l'unité nationale,
cette grande œuvre de plusieurs siècles ; mais elle est un
non-sens, mais elle est devenue un obstacle absolu, dès
qu'il s'est agi de fonder le règne de la liberté, dès que le
suffrage universel est apparu avec la démocratie triom-
phante. Dès ce jour, en nous obstinant à conserver notre
organisation administrative, nous nous sommes attachés
à résoudre un problème insoluble, nous nous sommes
épuisés à concilier les contraires. La Restauration et le
gouvernement de Juillet nous l'ont prouvé.

Comment voulez-vous, Messieurs, que la vie existe,
que la libre expansion des forces sociales se produise, si
nous sommes enserrés dans les mailles d'une règlementa-
tion qui substitue en toutes choses l'action gouverne-
mentale à l'action individuelle ? Tous les périls sont à
redouter dans un tel état de choses ; la plupart, au contraire, seraient évités si la représentation du pays était
organisée et agissait à tous les degrés. C'est quand tous

les groupes d'intérêts ayant une importance réelle et une existence propre seront représentés ; c'est quand toutes les doléances, tous les vœux, tous les droits posséderont un organe, que vous aurez remédié aux dangers que vous semblez redouter le plus, à ceux qui naissent de la liberté de la presse.

Dans une telle organisation que deviendrait la presse ? Elle serait encore une puissance évidemment ; elle serait toujours appelée à exercer un contrôle nécessaire, à rendre d'inestimables services ; mais elle cesserait d'être une puissance omnipotente ; au lieu de faire l'opinion elle la suivrait, elle serait l'écho, l'auxiliaire utile de toutes nos assemblées. (Bravos.)

D'où vient que la presse est aujourd'hui une arme si dangereuse, une cause de perturbation si effroyable au point de vue social ? C'est qu'elle exerce une action sans limites, c'est qu'elle parait résumer en elle seule l'opinion ; c'est que les citoyens se taisent, c'est que nos assemblées locales sont sans voix, c'est que tous les griefs, les intérêts froissés, les droits méconnus se tournent vers la presse, comme vers leur unique interprète. (C'est vrai !) Mais supposez la décentralisation opérée sur une vaste échelle, tous les intérêts représentés, la parole donnée partout aux citoyens eux-mêmes, croyez-vous qu'il en serait encore ainsi ? Je prends un exemple. Supposez qu'il existe une représentation réelle et efficace pour les vœux et les besoins des travailleurs. Supposez qu'il existe pour eux des chambres du travail, comme il existe des chambres de commerce pour les patrons, où les ouvriers fassent valoir leurs doléances, où ils émettent leurs avis sur les réformes économiques qui s'accomplissent, où ils adressent au pouvoir leurs vœux. Pensez-vous que ce ne serait pas tout d'abord le meilleur moyen de les amener à renoncer à ces manifestations violentes, à ces grèves qui sont l'occasion de si douloureux événements et qui compromettent les intérêts comme elles troublent la tranquillité publique ?

Et ensuite qui pourrait se dire, avec quelque apparence de vérité, l'organe des classes ouvrières, du moment où elles-mêmes auraient la parole, du moment où vous auriez fourni à l'ouvrier le moyen de faire valoir pacifiquement, légalement et efficacement surtout, les doléances ou les vœux que lui inspire sa condition industrielle ?

Je vous le demande, Messieurs, croyez-vous qu'il soit possible de remédier efficacement, par d'autres moyens, aux excès de la presse ? croyez-vous qu'on la puisse ramener autrement aux limites naturelles dans lesquelles devrait s'exercer son action, et la mettre au service de l'opinion, au lieu de lui en laisser le gouvernement ? Imaginez tous les régimes et voyez à quoi ils servent. Le régime préventif ? Il vous conduit tout droit à l'arbitraire et l'arbitraire à des réactions fatales. Le régime répressif ? Usez-en quelque temps et fréquemment, et vous l'avez énervé. Faites dix procès de presse en un mois, et vous ne pourrez plus en intenter un seul le mois suivant. Vous transformez tous ceux que vous frappez en intéressantes victimes dont vous encouragez l'audace.

Je ne veux ajouter qu'un mot sur le second vice du régime parlementaire d'autrefois : l'oubli, l'indifférence pour les questions sociales.

J'ai dit qu'on ne pouvait pas nous accuser de tomber dans cette faute. En effet, Messieurs, quelles sont les grandes questions du moment ? N'est-ce pas l'instruction des masses, n'est-ce pas l'organisation du travail, des salaires, l'augmentation du bien-être des travailleurs? Certes il nous reste bien à faire et c'est de ce côté que doivent porter nos plus énergiques efforts, nos plus constantes préoccupations. Outre que le sentiment chrétien nous en fait un devoir, c'est devenu la condition essentielle du bon exercice du suffrage universel, la condition du maintien de la paix sociale. Répandre les lumières dans le peuple, améliorer sa situation, l'élever, rapprocher les classes; telle est la grande œuvre qui doit éveiller toute notre sollicitude. (Applaudissements.)

Ainsi, Messieurs, ne craignons pas de voir revenir le parlementarisme, tel qu'il a existé; il nous revient avec le suffrage universel et nous sommes maîtres d'éviter les erreurs qui l'ont perdu.

Maintenant par quel moyen arriverons-nous à réaliser la tâche immense qui s'impose à nous? Comment ferons-nous cesser la contradiction dont je viens de parler? Comment opérerons-nous dans notre organisation les réformes radicales qu'elle réclame?

Vous l'avez compris, il faut pour cela un triple concours. La solution dépend à la fois de nous, du gouvernement et de la Chambre.

De nous, Messieurs, car il faut avant tout que nous agissions en citoyens; que nous étendions nos droits par l'usage même que nous en ferons; que partout, dans le conseil de la commune, de l'arrondissement, du département, dans les commissions dont nous faisons partie, nous ayons à cœur nos devoirs et nos droits. Il faut que nous prenions au sérieux la fonction la plus humble comme la plus haute; il n'y a pas d'ailleurs de petite fonction dans la vie sociale. Il faut que nous ne reculions pas devant certaines initiatives ; que nous soyons aussi hardis et aussi entreprenants que les hommes de désordre avec lesquels nous avons à lutter. Il faut que nous affirmions que la province existe et qu'elle sait ce qu'elle veut (Bravos unanimes) ; que, si elle ne consent pas à être à la merci d'une volonté unique, elle entend moins encore être à la merci d'une ville et d'une poignée d'agitateurs qui la voudraient dominer (Oui, oui). Il faut que nous condamnions bien haut les violences ; que nous déclarions que nous n'entendons pas que l'on nous contraigne à faire des sauts périlleux lorsque nous pouvons marcher à pas assurés et que nous sommes décidés à maintenir le respect de la loi et du droit ; il faut que nous affirmions, en un mot, ce que veut le pays, c'est-à-dire le contrôle du pouvoir et non sa destruction, la fin du gouvernement personnel et non le renversement de la dynastie (Très-bien !).

Quant au gouvernement, sa tâche est toute tracée : marcher avec résolution et fermeté dans la voie libérale où il est entré, aller jusqu'au bout des réformes commencées, les pratiquer franchement, sans arrière-pensée, répudier les surprises, sortir enfin du défilé où il semble vouloir rester engagé entre le gouvernement personnel et la liberté, et où il ne rencontre que des embûches. Il est urgent qu'il sorte de cette situation et qu'il aille droit à la liberté et aux hommes qui la peuvent mettre en pratique.

Enfin, Messieurs, il faudrait souhaiter que la Chambre reconnût que, s'il est de son devoir de dire sans ménagement la vérité au pouvoir et de l'arrêter énergiquement dans les fautes qu'il serait sur le point de commettre, il n'y a qu'une seule opposition qui soit féconde, c'est l'opposition modérée ; l'opposition violente étant fatalement stérile et dangereuse (Bravo).

Souhaitons qu'au sein de la Chambre les uns comprennent que les résistances passionnées et aveugles sont le chemin des révolutions, et les autres que les revendications hautaines et tumultueuses sont la ruine de la liberté.

Que le groupe des 116 demeure uni et grandisse ; qu'il devienne la majorité ; qu'il se rende, dès l'ouverture de la session, l'interprète du sentiment public ; qu'il poursuive la complète réalisation des réformes entreprises et assure le triomphe de la politique qui découle de l'interpellation ; qu'il n'accumule pas ses revendications, qu'il les fasse aboutir successivement et dans leur ordre logique. Car, ce qui importe surtout maintenant, c'est que nous nous décidions enfin à faire chaque jour notre œuvre constitutionnelle, en profitant des leçons de l'expérience.

Laissons aux idées le temps de mûrir ; nous ne l'avons jamais fait en France, et c'est l'explication de bien des mécomptes et de bien des ruines. (C'est vrai).

Que les députés de ce groupe aillent d'abord aux réformes que l'opinion publique sollicite le plus vivement, à celles qui tiennent aux libertés les plus essentielles, liberté individuelle, liberté électorale, liberté communale (Très-bien !).

Qu'ils insistent pour l'application du droit commun aux fonctionnaires, c'est-à-dire pour l'abrogation de l'art. 75, pour la fixation par une loi des circonscriptions électorales, pour l'introduction du principe électif dans la nomination du chef de la commune. Qu'ils insistent encore pour la révision des tarifs douaniers précédée d'une enquête parlementaire. Qu'ils s'appliquent surtout, quand viendra la discussion du budget, à ramener nos dépenses à un chiffre acceptable , à diminuer autant que possible les charges publiques et à mieux asseoir certains impôts.

Est-ce à dire qu'ils ne songeront pas à d'autres réformes, qu'ils ne rechercheront pas les moyens de réduire un appareil militaire que nos finances ne sauraient supporter indéfiniment, de transformer nos armées, de rendre à l'agriculture les bras qui lui manquent? Est-ce à dire qu'ils ne se préoccuperont pas d'étendre la liberté d'association, d'assurer le triomphe de la liberté d'enseignement à tous les degrés et d'autres mesures également considérables ?

Evidemment si ; mais ils ne sauraient demander tout à la fois.

Enfin, Messieurs, souhaitons que la Chambre comprenne que ce qui pourrait lui arriver de plus funeste serait de se complaire dans de mesquines querelles avec le pouvoir, dans de vaines taquineries. Ne cherchons ni les uns ni les autres à affaiblir l'autorité au grand détriment de tous. (Très-bien !)

Si nous voulons sincèrement le règne de la liberté, l'autorité et une autorité forte et respectée nous est nécessaire, car sans elle point de sécurité et partant point de liberté. (C'est vrai !) Vous n'en ferez jamais goûter les bienfaits à ceux que vous commencerez par inquiéter dans leur fortune et dans leur personne ; vous n'opèrerez point de réformes durables, si vous débutez en paralysant le commerce et l'industrie, en arrêtant les transactions, en menaçant les intérêts. Avec des gens qui ont peur, vous ne ferez pas des citoyens et des hommes libres.

Ne quittons pas le terrain de la légalité. Ceux-là man-

quent de patriotisme et trahissent le peuple qui ont re-
cours à d'autres moyens. Toute entreprise violente est un
crime sous le régime du suffrage universel.

Je me suis étendu, Messieurs, trop longuement, je le
crains, sur ces principes qui dominent mon attitude politique. Vous me rendrez cette justice, que, depuis plusieurs années, chaque fois que j'ai eu l'honneur de vous
adresser la parole, je me suis constamment inspiré de
ces idées. (Oui, oui!) Mon programme peut se résumer
dans cette formule que vous connaissez depuis long-
temps, que toutes mes réunions publiques ont entendue :
grandir l'action de l'individu et de l'association et l'influence du citoyen, diminuer d'autant l'intervention de
l'Etat.

On a tenté de grands efforts pour dénaturer mes principes politiques, pour fausser le caractère de ma candi-
dature indépendante. Vous savez ce qu'il en faut penser ;
vous avez entendu mes déclarations avant le scrutin ;
vous m'avez suivi dans la lutte ; vous pouvez depuis lors
me juger par mes actes.

Je resterai fidèle au programme qui a reçu l'approba-
tion de mes électeurs, je le suivrai avec une indépendance
absolue, n'étant pas plus disposé à recevoir des ordres
d'en-bas que d'en-haut, m'inspirant uniquement de vous
et de ma conscience.

Si, à l'expiration de mon mandat, ce programme ne
devait plus correspondre à vos vues, votre vote me le
dirait et je m'incline d'avance avec respect devant votre
décision.

Mais, encore une fois, Messieurs, l'expérience que
nous tentons est grave entre toutes ; elle réclame le concours de chacun. Demeurerons-nous divisés ? Ferons-

nous passer nos rancunes, nos vengeances, nos préoccupations égoïstes avant l'intérêt du pays ?

Non, n'est-il pas vrai ?

Unissons-nous donc ! Que tous ceux qu'anime un sincère amour de la liberté et qui ne veulent point la séparer de l'ordre se tendent la main et se rencontrent sur ce terrain commun.

N'entendiez-vous pas, hier à peine, ce même appel sortir de la bouche d'un des *cinq* d'autrefois, de la bouche d'un député dont la parole sensée et patriotique est faite pour trouver un véritable écho ?

Il est temps, Messieurs, reconnaissez-le, que nous répudiions la politique stérile de la haine et de l'agitation et que nous fassions prévaloir enfin dans notre pays la politique à ciel ouvert du bon sens, de la modération et de l'honnêteté ! (Vifs applaudissements.)

COLMAR, IMPRIMERIE DE C. DECKER.